# DAS KATZEN-BUCH

Zu Besuch bei Katzen aus aller Welt

Katie Viggers

Laurence King Verlag

Für das Team Huggers

LAURENCE KING

Laurence King Verlag GmbH
Jablonskistr. 27, 10405 Berlin
Deutschland
www.laurencekingverlag.de

Der Laurence King Verlag ist ein Imprint der
Hachette Children´s Group
Carmelite House, 50 Victoria Embankment
London EC4Y 0DZ

einem Unternehmen von Hachette UK
www.hachette.co.uk
www.hachettechildrens.co.uk



ISBN: 978-3-96244-207-1
Ergänzender Text von Isabel Thomas
Design von Renata Latipova
Übersetzung von Frederik Kugler

Hergestellt in China
2. Auflage 2022

Laurence King Publishing setzt sich für eine
ethische und nachhaltige Produktion ein. Wir
sind stolzes Mitglied des Book Chain Project®.

BOOK
CHAIN
PROJECT
bookchainproject.com

# Inhalt

# Das sind wir!

Es gibt fast 40 verschiedene Arten von Katzen, und alle haben einen geschmeidigen, wendigen Körper, einen langen Schwanz und scharfe Zähne und Krallen.

Katzen gibt es in allen Größen: als Großkatzen, kleinere Katzen und Hauskatzen. Lerne sie hier kennen!

Leopard
Puma
Gepard
Tiger

# Geparde

*Acinonyx jubatus*

Afrika ist die Heimat von rund 7.100 wilden Geparden. Sie leben gerne in Steppen und Savannen.

Geparde haben einen schlanken Körper und für Katzen sehr lange Beine. Dadurch sind sie schnell wie der Wind und erwischen sogar flinke Beute wie Gazellen.

Ihr berühmtestes Merkmal ist ihr geflecktes Fell.

## KÖNIGSGEPARD

Königsgeparden haben weicheres Fell und neben Flecken auch Streifen. Man glaubt, dass nur zehn Exemplare in der freien Wildbahn vorkommen, was sie zu den seltensten Tieren der Welt macht.

Erstaunliches Sehvermögen hilft ihnen, ihre Beute auch in hohem Gras auszumachen.

Die schwarzen Linien im Gesicht des Gepards nennt man Tränenstreifen. Sie absorbieren Sonnenlicht, damit er nicht geblendet wird.

Viele Katzen jagen in der Morgen- und Abenddämmerung, aber Geparde sind tagsüber am aktivsten. Da ihre Beute sie im hellen Sonnenlicht kommen sieht, können sich Geparde nicht einfach anschleichen und zuschlagen. Stattdessen verlassen sie sich darauf, ihre Beute in einer rasanten Verfolgungsjagd zu überholen.

Geparden sprinten mit bis zu 112 km/h, was sie zu den schnellsten Landtieren macht.

Geparden halten diese unglaubliche Geschwindigkeit jedoch nicht sehr lange durch, weshalb sie häufig mit leeren Pfoten zurückkehren.

# Löwen *Panthera leo*

Löwen haben einen furchterregenden Ruf, können aber auch echte Softies sein – nicht nur wegen ihrer fluffigen Mähne.

Männliche Löwen sind die einzigen Katzen mit einer buschigen Mähne. Sie fängt nach drei Jahren an zu wachsen und kann viele verschiedene Farben haben, von Schwarz bis Gold.

## AFRIKANISCHER LÖWE

In der freien Wildbahn leben rund 20.000 Afrikanische Löwen. Sie gehörten zu den sozialsten Großkatzen. Sie leben in Großfamilien, Rudel genannt.

## ASIATISCHER LÖWE

Asiatische Löwen sind kleiner und seltener. In der freien Wildbahn leben nur noch rund 500 Exemplare, und zwar in einem einzigen bewaldeten Gebiet im Nordwesten von Indien.

Ihre Mähnen sind kürzer und oft dunkler.

Die Mähne eines Löwen macht mächtig Eindruck – und hilft, andere Löwen zu verscheuchen, die das eigene Rudel übernehmen wollen.

## LÖWINNEN

Weibliche Löwen jagen in Gruppen. Dank guter Teamarbeit können sie es mit sehr großen Tieren wie Kaffernbüffeln, Zebras und sogar Giraffen aufnehmen. Löweninnen kümmern sich um ihren Nachwuchs, bis er mindestens 16 Monate alt ist, helfen aber auch bei der Fütterung der anderen Jungtiere.

Weibliche Löwen erledigen den Großteil der Jagd, während die Männchen lieber abhängen und Eindruck schinden.

# Tiger *Panthera tigris*

**Tiger sind die größten Großkatzen – und auch die gefährlichsten!**

Tiger leben überall in Asien, in tropischen Wäldern wie in schneebedeckten Bergen. Man sieht sie aber nur noch selten, da mittlerweile weniger als 4.000 Exemplare in freier Wildbahn leben.

## SIBIRISCHER TIGER

Sibirische Tiger leben in kalten Regionen. Sie haben ein dickes Fell, das sie warm hält, und breitere Tatzen, um durch den Schnee zu stapfen.

## SUMATRA-TIGER

Alle Sumatra-Tiger leben auf nur einer Insel in Indonesien. Sie zählen zu den kleinsten Tigern.

## KÖNIGSTIGER

Königstiger kommen am häufigsten vor. Aber nicht alle haben ein leuchtend oranges Fell. Manchmal ist es auch weiß.

Die größten Tiger sind, gemessen von ihrem Schwanz bis zur Nase, über 3 m lang. Das ist so groß wie ein kleines Auto.

## SÄBELZAHNTIGER

Keine Sorge, einem Säbelzahntiger wirst du nie begegnen. Diese prähistorische Katze ist bereits vor 10.000 Jahren ausgestorben. Sie war auch kein echter Tiger, sondern näher mit dem Nebelparder verwandt.

Kein Tiger hat dasselbe Streifenmuster. Jedes Muster ist einzigartig, so wie ein Fingerabdruck.

Tiger sind hervorragende Kletterer und Schwimmer. Junge Tiger spielen gerne im Wasser und kühlen sich ab.

# Pumas *Puma concolor*

Pumas haben viele Namen. Sie werden auch Berglöwe, Silberlöwe, Panther oder Kuguar genannt. Aber welchen Namen würden sie sich selbst geben?

**Und nun auf nach Amerika, wo wir eine Großkatzenart kennenlernen werden, die eigentlich keine ist!**

Pumas leben hauptsächlich in den Bergen Nord- und Südamerikas. Sie fühlen sich in Wäldern, im Grasland und in Sümpfen wohl – solange es dort viele Möglichkeiten zum Verstecken gibt.

Meistens verstecken sie sich vor Menschen und anderen Pumas, wobei junge und kranke Pumas sich auch vor Wölfen und Bären in Acht nehmen müssen!

Kurze, kräftige Beine helfen Pumas beim Balancieren, wenn sie in ihre besten Verstecke klettern.

Wie andere Katzen auch, sind Pumas Karnivoren (Fleischfresser) mit scharfen Zähnen und kräftigem Kiefer.

## JUNGTIERE

Babykatzen werden Katzenjungen oder Kätzchen genannt, und Pumababys gehören mit zu den süßesten. Sie bleiben bis zu zwei Jahre bei ihrer Mutter und lernen von ihr, wie man jagt und sich versteckt.

Pumas können auf 5 m hohe Äste und Felsen springen. Das ist 2 m höher als ein Basketballkorb!

# Leoparden

*Panthera pardus*

Leoparden leben in mehr Regionen der Welt als jede andere Katzenart.

Die Flecken im Fell eines Leoparden sind eigentlich schwarze Rosetten. Manchmal kann man schon an der Form ihrer Flecken erkennen, woher sie stammen.

### AFRIKANISCHER LEOPARD

Die Leoparden Ostafrikas haben runde Flecken. In Südafrika sind die Flecken eher quadratisch!

### AMURLEOPARD

Der Amurleopard ist der seltenste. Von ihm gibt es weltweit nur noch knapp 80 Exemplare. Sein dickes Fell hält ihn in den kalten russischen Wäldern warm.

### SCHNEELEOPARD

Schneeleoparden leben in den eisigen Gebirgsregionen Zentralasiens.

Die meisten Leoparden leben in den Wäldern und Savannen Afrikas, wo sie mit Löwen um die gleiche Nahrung konkurrieren müssen.

Schneeleoparden haben sich mit ihrem dicken Fell und buschigen Schwanz perfekt an ein Leben an den steilen Gebirgshängen angepasst.

Um sich vor Löwen zu schützen, versuchen Leoparden, zu anderen Tageszeiten zu jagen. Bäume bieten auch sichere Verstecke (und Schlafplätze).

Schneeleoparden lieben es, sich an andere Tiere, wie zum Beispiel an Steinböcke, anzuschleichen. Aber Vorsicht vor Hörnern!

# Jaguare *Panthera onca*

Jaguare lieben es zu jagen und sich zwischen Bäumen zu verstecken.

Jaguare kommen in Zentral- und Südamerika, in Mexiko und sogar in einigen südlichen US-Bundestaaten vor. Der beste Ort, ihnen aufzuspüren, ist der Amazonas in Südamerika. Sie jagen am liebsten in der Morgen- und Abenddämmerung.

Jaguare haben die kräftigsten Kiefer von allen Katzen.

Jaguare sind gut im Klettern, Schwimmen und Anschleichen. Sie tarnen sich so gut, dass sie sich fast an jede Beute anschleichen können – von Wild über Schlangen bis hin zu Schildkröten und Fischen.

## SCHWARZER PANTHER

Manche Jaguare haben ein komplett schwarzes Fell und werden Schwarze Panther genannt. Sie haben sogar schwarze Flecken, die man aber kaum sieht. Verwirrenderweise werden auch Leoparden mit schwarzem Fell Schwarze Panther genannt.

Trotz ihres Namens sieht man Jaguare so gut wie nie hinter dem Steuer eines Sportwagens.

## FINDE DEN UNTERSCHIED

Jaguare haben Rosetten mit kleinen Punkten darin.

Leoparden haben Rosetten mit dunklerem Fell darin.

Geparden haben kompakte Flecken.

Jaguare lieben Wasser. Tatsächlich findet man sie nur selten an Orten ohne Flussläufe, Ströme, Lagunen oder Sümpfe.

# Wildkatzen

Kleinere Katzen haben viele Gemeinsamkeiten mit Großkatzen. Sie haben ähnliche Merkmale, sie jagen und bewegen sich gleich. Es gibt jedoch ein Tier auf dieser Seite, das nur zu den „Katzenartigen" gehört. Siehst du es?

## PALLASKATZE

*Otocolobus manul*

Diese Katzenart aus Zentralasien ist klein, sieht aber dank ihres dicken, wolligen Fells größer aus. Sie verfügt über zusätzliche Augenlider, die sie gegen Kälte und Staub schützen.

## PARDELLUCHS

*Lynx pardinus*

Diese kleinen Luchse sind aufgrund ihrer Ohrpinsel und ihres ausgeprägten Backenbarts unverwechselbar. Sie sind außerdem sehr selten und kommen nur in zwei kleinen Regionen Spaniens vor.

## BORNEO-GOLDKATZE

*Catopuma badia*

Diese geheimnisvolle Katze ist ungefähr so groß wie eine Hauskatze, hat aber ein rötlich-braunes Fell und dunkle Flecken. Sie zählt zu den seltensten Katzenarten.

## KARAKAL

*Caracal caracal*

Diese charaktervollen Katzen sind in Afrika, im Nahen Osten und in Südasien beheimatet und für ihre tollen Ohrpinsel bekannt. Sie können zur Kommunikation mit den Ohren zucken.

## ROTLUCHS

*Lynx rufus*

Rotluchse sind in Nordamerika weit verbreitet, wo man sie „Bobcat" nennt.

## SURIKAT(Z)E

Surikaten sind Katzenartige und gehören zu den Mangusten, sind aber nicht mit Katzen verwandt. Wir kennen sie als Erdmännchen.

DIE KLEINSTEN KATZEN

## SCHWARZFUẞKATZE

*Felis nigripes*

Die kleinste Katze Afrikas ist zugleich eine der kleinsten Katzen der Welt. Die Unterseiten ihrer Pfoten sind schwarz behaart, um sie vor dem heißen Sand zu schützen.

## ROSTKATZE

*Prionailurus rubiginosus*

Die kleinsten aller Wildkatzen leben in Indien und Sri Lanka und haben rötliche Streifen und Flecken auf ihrem Gesicht und ihrem Fell.

# SERVAL

*Leptailurus serval*

Diese afrikanische Wildkatzenart hat große Ohren und lange Beine und kann bis zu 2 m hoch springen. Servale können mit ihren Ohren Beute im hohen Gras lokalisieren – und schlagen dann zu!

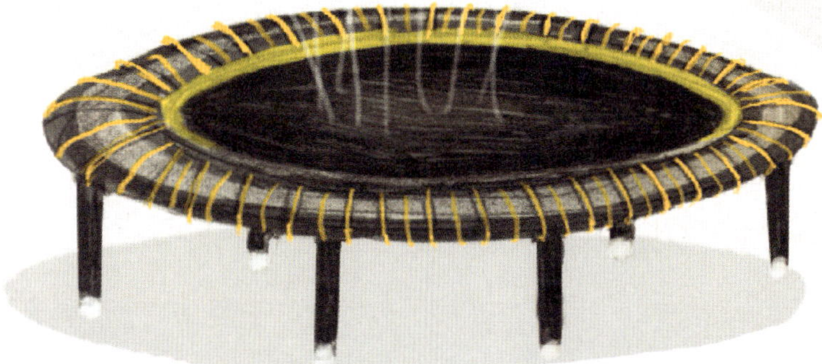

# NEBELPARDER

*Neofelis nebulosa*

Nebelparder sind eine Großkatzenart aus Asien. Ihr Fell hat eine wolkenartige Zeichnung, und sie bewohnen Wolken- und Nebelwälder!

# FISCHKATZE

*Prionailurus viverrinus*

Fischkatzen leben in den Sümpfen und Feuchtgebieten Asiens und können ausgezeichnet Fische fangen. (Und Krabben und Frösche!)

# Hauskatzen

Die Menschen halten schon seit über 4.000 Jahren Katzen als Haustiere. Die ersten Katzenfans waren die alten Ägypter. Katzen halfen ihnen beim Fangen von Mäusen und Ratten.

## MAINE COON

Es gibt über 70 Hauskatzenarten. Die Maine Coon ist die größte.

## SIAMKATZE

Siamkatzen lieben Aufmerksamkeit und warme Orte zum Einkuscheln.

## EXOTIC SHORTHAIR

Diese Rasse erkennt man sofort an ihrer flachen Nase und ihren großen Augen.

## SPHYNX-KATZE

Sphynx-Katzen haben eine weiche Haut und fast kein Fell.

## BENGALKATZE

Die Bengalkatze stammt von der asiatischen Leopardenkatze ab, wie man an ihrer Fellzeichnung, den leopardenähnlichen Rosetten, erkennen kann.

## SCOTTISH FOLD

Diese Katze bekommt Jungen mit stehenden Ohren – die aber nach drei Wochen nach vorne klappen.

## RAGDOLL

Ragdolls haben den Ruf, ziemlich entspannt zu sein.

## MISCHLINGE

Katzen ohne Rasse oder Stammbaum werden Mischlings- oder Hauskatzen genannt. Sie sind die häufigsten Katzen.

Hauskatzen benehmen sich oft wie ihre wilden Verwandten...

Sie lieben es, Tiere zu jagen und zu fangen – auch wenn ihre Beute für gewöhnlich etwas kleiner ist.

Sie lieben es, auf Bäume zu klettern – und bleiben nur selten oben hängen.

Sie lieben nichts mehr als ein Nickerchen an einem kuscheligen Ort.

Sie können echt wild werden (wenn nötig).

Sie lieben es aber NICHT, nass zu werden. Hauskatzen gehen selten gerne schwimmen.

Genau wie Großkatzen lieben Hauskatzen es, sich zu strecken und ihre Krallen zu wetzen.

# Fressen

Katzen sind Karnivoren (Fleischfresser). Das heißt, sie brauchen weder Früchte noch Gemüse. Je größer die Katze, desto größer die Beute.

Erst belauern sie ihre Beute. Sie bleiben verborgen, beobachten und schleichen sich dann heran. Einige Wildkatzen stürzen sich mit einem einzigen Sprung auf ihre Beute. Andere jagen sie und reißen sie zu Boden. Dann kann das Festmahl beginnen!

Leoparden verstecken ihr Fressen gerne in den Bäumen.
Geparden fressen gerne Gazellen, jagen aber auch kleinere Säugetiere und Vögel.
Wenn Pumas große Beute fangen, verstecken sie ihre Mahlzeit und verspeisen sie über mehrere Tage.
Die Nahrungsauswahl der Schneeleoparden ist begrenzt. Heute gibt es mal wieder Bergsteinbock!
Weibliche Löwen fangen den Hauptteil der Nahrung für ihr Rudel. Männliche Löwen haben keine Manieren und fressen immer zuerst.

# Tarnen

Mit dem Hintergrund zu verschmelzen, hilft Katzen beim Jagen. Das Fell einer jeden Katze ist an die jeweilige Umgebung, in der sie lebt, angepasst.

Schneeleoparden haben ein blassgraues Fell mit grauen Flecken. Das hilft ihnen, sich an ihre gebirgige Umgebung anzupassen.
Hat jemand den Puma gesehen?
1... 2... 3... 4...
Das goldene Fell der Löwen sorgt dafür, dass sie mit der Savanne verschmelzen.
Manchmal spielen wir auch gerne Verstecken.

# Brüllen

Ein Brüllen ist ein tiefer Schrei oder Ruf, der über weite Entfernungen schallt und Angst macht, egal wie weit weg man ist! Nur Großkatzen können brüllen, aber alle Katzen geben Laute von sich.

Das Gebrüll eines Löwen ist etwa 25-mal lauter als ein Rasenmäher. Man kann es über 8 km weit hören.

Obwohl Geparde groß sind, sind sie eher wie kleinere Katzen gebaut und können nicht brüllen. Aber sie schnurren!

Jaguare können brüllen (aber nicht so laut wie Löwen).

Das Gebrüll eines Tigers ist so beängstigend, dass es seine Beute erstarren lässt. Auf diese Weise kann er sie leichter fangen!

Schneeleoparden geben ein ungewöhnliches Geräusch von sich: eine Mischung aus Miauen und Brüllen. Mit diesem Jaulen teilen sie anderen Schneeleoparden mit, wo sie sind.

Das Gebrüll eines Leoparden klingt wie eine Säge, wenn man Holz durchsägt.

Pumas machen laute kreischende oder schreiende Geräusche. Sie können aber auch schnurren und fauchen.

Katzen verwenden in der Nähe ihrer Jungen sanftere Geräusche wie Schnauben, Zirpen und Gurren.

# Schlafen

Zur Familie der Katzen gehören einige der schläfrigsten Raubtiere der Welt. Die meisten Katzen sind dämmerungsaktiv. Das heißt, dass sie in der Morgen- und Abenddämmerung unterwegs sind, um zu jagen und zu fressen – und das wiederum heißt, dass sie jeden Moment des Tages und der Nacht nutzen, um wertvollen Schlaf nachzuholen.

Schneeleoparden haben ein eingebautes Federbett – ihren flauschigen Schwanz.

Geparden jagen tagsüber, während ihre Konkurrenz im Schatten sitzt.

Sie verbrauchen bei der Jagd so viel Energie, dass sie danach oft ein Schläfchen brauchen.

Hauskatzen schlafen gerne tagsüber, da sie, im Gegensatz zu anderen Katzen, gerne nachts unterwegs sind.

In der Dämmerung zu jagen bedeutet für Löwen, dass sie immer früh aufstehen müssen, aber auch, dass sie sich während der heißesten Stunden des Tages zurücklehnen können.

Leoparden jagen oft nachts, um sich an schlafende Affen heranpirschen zu können. Damit ihnen nicht dasselbe passiert, schlummern sie tagsüber gerne auf Bäumen.

Tiger und Jaguare schlafen wann und wo auch immer sie wollen. Zu jeder Zeit, auf einem Ast, einem Felsen oder zusammengerollt auf dem Boden.

Löwen und Tiger sind die faulsten Großkatzen und schlafen bis zu 20 Stunden am Tag.

# Katzenkarte

An diesen Orten dürftest du die Katzen aus diesem Buch am ehesten finden. Einige Katzen leben in unterschiedlichen Lebensräumen in vielen verschiedenen Ländern, während andere in nur einem Wald oder Nationalpark vorkommen.

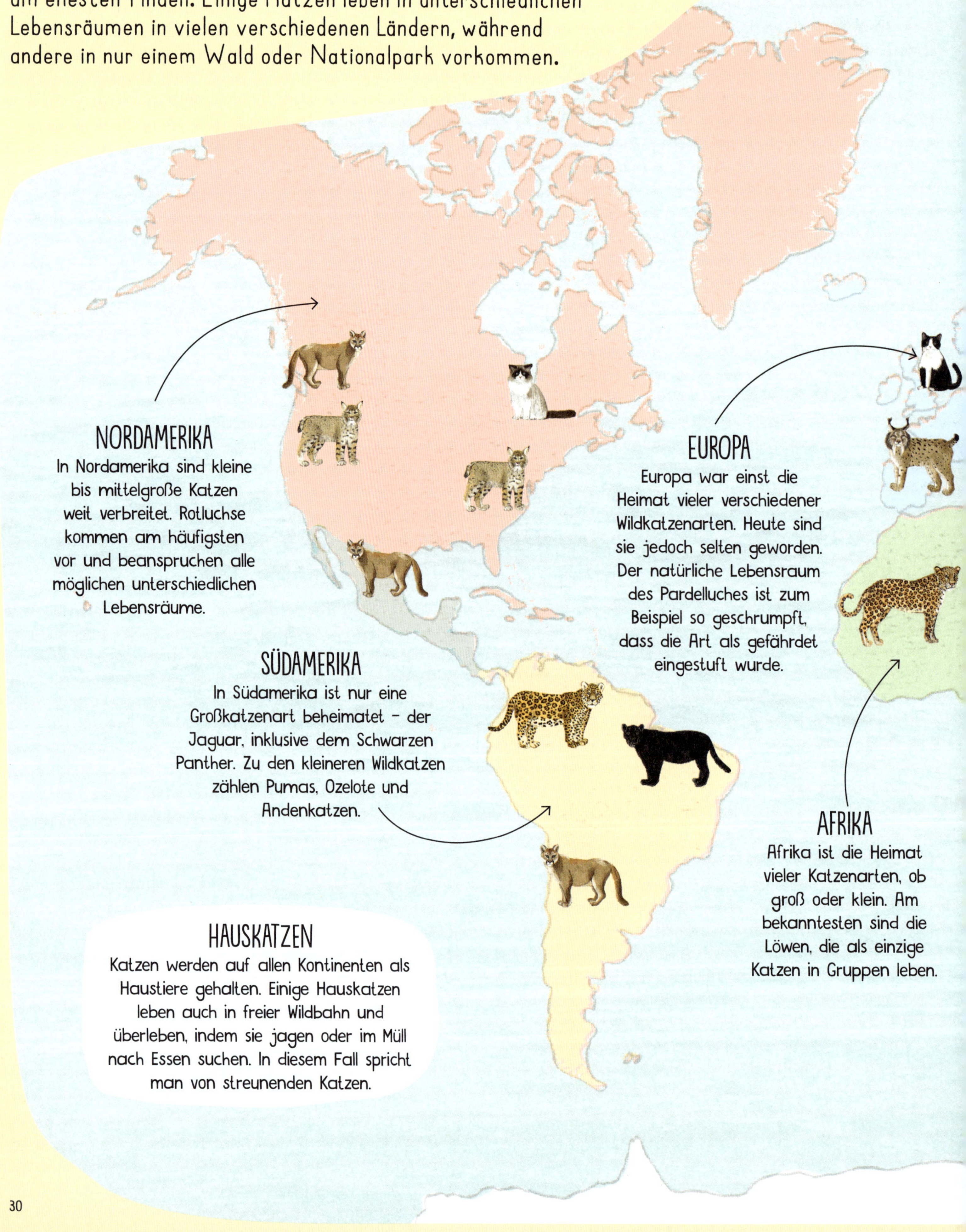

## NORDAMERIKA

In Nordamerika sind kleine bis mittelgroße Katzen weit verbreitet. Rotluchse kommen am häufigsten vor und beanspruchen alle möglichen unterschiedlichen Lebensräume.

## EUROPA

Europa war einst die Heimat vieler verschiedener Wildkatzenarten. Heute sind sie jedoch selten geworden. Der natürliche Lebensraum des Pardelluches ist zum Beispiel so geschrumpft, dass die Art als gefährdet eingestuft wurde.

## SÜDAMERIKA

In Südamerika ist nur eine Großkatzenart beheimatet – der Jaguar, inklusive dem Schwarzen Panther. Zu den kleineren Wildkatzen zählen Pumas, Ozelote und Andenkatzen.

## AFRIKA

Afrika ist die Heimat vieler Katzenarten, ob groß oder klein. Am bekanntesten sind die Löwen, die als einzige Katzen in Gruppen leben.

## HAUSKATZEN

Katzen werden auf allen Kontinenten als Haustiere gehalten. Einige Hauskatzen leben auch in freier Wildbahn und überleben, indem sie jagen oder im Müll nach Essen suchen. In diesem Fall spricht man von streunenden Katzen.

## ASIEN

In Asien leben unglaublich viele verschiedene Katzen, darunter Tiger und sogar eine kleine Population Löwen. Einige haben sich speziell an einen Lebensraum angepasst, während andere, wie die Leoparden, ein größeres Verbreitungsgebiet haben.

## AUSTRALASIEN

Von Hauskatzen abgesehen, sind die einzigen anderen Katzen von Australasien verwilderte Hauskatzen. Sie stellen die heimische Tierwelt vor große Probleme, die sich über Millionen von Jahren an ein Leben ohne Katzen angepasst hat. Das bedeutet, dass die einheimischen Vögel, Fische, Säugetiere und Insekten so gut wie keine Strategien entwickelt haben, um sich gegen die Jagdkünste einer Katze zur Wehr zu setzen.

## ANTARKTIKA

Katzen kommen nicht natürlich in Antarktika vor. Der Kontinent ist so kalt, dass dort gar keine Säugetiere leben! Trotzdem haben Menschen viele Hauskatzen nach Antarktika gebracht, und zwar an Bord von Segelschiffen und Fischerbooten, um Ratten zu fangen, die sich an ihren Nahrungsmitteln zu schaffen machten.

# Die Zukunft

Hauskatzen gibt es überall, aber viele Groß- und Wildkatzen sind selten geworden. Einige sind sogar so selten, dass sie in der freien Wildbahn vom Aussterben bedroht sind. Amurleoparden, Pardelluchse, asiatische Geparden und Tiger zählen zu den am stärksten bedrohten Katzen.